관찰과 체험은 과학을 배우고 이해하는 최고의 방법입니다!
어린이책 작가 **세실 쥐글라(Cécile Jugla)** 역시,
이런 생각으로 요리조리 사이언스키즈 시리즈를 기획했어요.
이 시리즈에는 지금껏 몰랐던 흥미진진한 사실이
한가득 담겨 있어요.

프랑스 파리의 어린이과학박물관
시테 데 장팡(Cité des enfants)을 설립하고,
파리 과학문화센터 팔레 드 라 데쿠베르트
(Palais de la Découverte)의 관장을 지낸
잭 기샤르(Jack Guichard)는 중요한 과학 이론을
누구나 알기 쉽고 생생하게 설명하고자
늘 고민하고 있습니다.

삽화가 **로랑 시몽(Laurent Simon)**은
어린이와 청소년 책에 들어가는 그림을 그려요.
이따금 이런 책에 글을 쓰기도 해요.
과학책이나 생활에 유익한 책에 그림을 그릴 때가
가장 행복하다고 해요.

옮긴이 **김세은**은
중앙대학교 불어불문학과를 졸업하고,
현재 번역 에이전시 엔터스코리아에서
출판기획자 및 전문번역가로 활동하고 있어요.

초판 1쇄 인쇄 2022년 11월 25일   초판 1쇄 발행 2022년 12월 10일

글 세실 쥐글라, 잭 기샤르   그림 로랑 시몽   옮김 김세은

펴낸이 이상순   주간 서인찬   영업지원 권은희   제작이사 이상광

펴낸곳 (주)도서출판 아름다운사람들   주소 (10881) 경기도 파주시 회동길 103
대표전화 031-8074-0082   팩스 031-955-1083   이메일 books777@naver.com
ISBN 978-89-6513-115-1   77400

La science est dans LE VERRE
© 2021 Editions NATHAN, SEJER, 92 avenue de France, 75013 Paris, France.
Korean Translation © Beautiful People 2021 All rights reserved.
This translation of La science est dans le verre is published by
arrangement with Nathan through
KidsMind Agency, Korea.

이 책의 한국어판 저작권은 키즈마인드 에이전시를 통해 Nathan과 독점 계약한 (주)도서출판 아름다운사람들에 있습니다.
신 저작권법에 의해 한국 내에서 보호를 받는 저작물이므로 무단전재와 복제를 금합니다.

이 도서의 국립중앙도서관 출판예정도서목록(CIP)은 서지정보유통지원시스템(http://seoji.nl.go.kr)과
국가자료종합목록구축시스템(http://kolis-net.nl.go.kr)에서 이용하실 수 있습니다. (CIP제어번호 : CIP2020046116)

유리는 반짝반짝

글 세실 쥐글라 · 잭 기샤르 그림 로랑 시몽 옮김 김세은

아름다운사람들

차례

8 유리의 요모조모 알아보기

10 유리는 정말 단단할까?

12 유리잔으로 촛불 끄기

14 유리잔 두 개에 든 물을 유리잔 하나에 합치기

16 유리잔에 비친 얼굴 보기

18 유리잔 안 보이게 하기

20 유리잔 밑에 깔려있던 동전 사라지게 하기

22 유리잔으로 화살표 방향 바꾸기

24 유리잔 속에 회오리 만들기

26 물이 가득 든 유리잔을
    물 한 방울도 안 흘리고 뒤집기

28 와인 잔으로 연주하기

유리의 요모조모 알아보기

부엌 찬장에서 유리잔을 가져와서 자세히 살펴보세요.

유리잔에 대한 설명으로 맞는 것은?

- 단단함
- 말랑함
- 표면이 매끄러움
- 표면이 울퉁불퉁함
- 잘 깨짐
- 투명함
- 잘 깨지지 않음
- 불투명함

옆 유리잔과 모양이 가장 비슷한 것은?

 원뿔    정육면체    구(공 모양)

정답: 이 유리잔은 단단하고 표면이 매끄러우며 잘 깨지고 투명함. 모양은 원기둥.

아이고 아야! 유리잔이 너무 투명해서 있는지 몰랐어.

쿵~!

"내 유리잔은 장밋빛이야. 세상이 다 아름답게 보여."

유리는 어떤 재료로 만들어질까요?

흙　　　모래　　　나무　　　다이아몬드

정답: 모래
모래로 소다(탄산나트륨)와 석회(탄산칼슘)를 섞어 1500°C의 아주 높은 온도에 녹여 만들어요. 모래 중에는 규소가 들어 있어서 이것들과 함께 녹이면 투명한 유리가 만들어져요.

다음 중 유리로 만들지 않는 것은?

 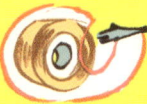

물병　　　구슬　　　접착테이프 커팅기

유리창　　　어항　　　대접

정답: 접착 테이프 커팅기는 플라스틱으로 만들어요.

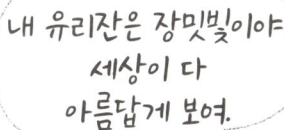

유리의 요모조모를 잘 살펴보았죠?
어서 다음 쪽으로 넘겨
더 자세히 알아보아요!

유리는 정말 단단할까?

놀라워!

유리는 긁어서 자국을 내려면 유리보다 강한 광물이 필요해요. 광물 중에서 가장 강한 다이아몬드로 긁으면 자국이 남아요.

"유리는 철보다 단단하지만 충격에는 약해. 땅에 떨어지면 깨지잖아."

"마개는 바닥에 떨어뜨려도 깨지지 않아."

던지지 마세요 파손 주의

유리는 단단하지만 충격을 받으면 왜 잘 깨질까요?

유리가 단단한 이유는 작은 입자가
아주 튼튼한 고리로 연결되어 있기 때문이에요.
하지만 충격을 받으면 어떻게 될까요?
고리가 너무 팽팽해 부드럽게 휘지 못하고
깨지고 말아요. 유리가 산산조각나는 이유예요.

훌륭해요!
유리는 충격을 받으면 깨지기 쉽지만
단단한 정도를 나타내는
경도*는 높다는 사실을 알았어요

*광물의 단단한 정도

유리잔으로 촛불 끄기

유리잔을 촛불 위로 뒤집어엎으면 촛불이 꺼질 거야!

유리잔 속에는 공기가 들어있어요. 공기는 질소와 산소처럼 눈에 보이지 않는 기체와 수증기로 이뤄져 있어요.

어른에게 부탁해서 작은 초에 불을 붙여달라고 하세요.

오, 예언하는 거야?

작지만 알찬 지혜

촛불 2개 중 하나는 작은 유리잔으로 덮고 다른 하나는 큰 유리병으로 덮으면 어느 쪽이 먼저 꺼질까요?

몇 초 뒤

짜잔, 촛불이 꺼졌습니다!

수증기는 액체가 되어 유리잔 벽에 김으로 맺혔어요.

저렇게 강력할 수가!

촛불은 왜 꺼졌을까요?

촛불이 타려면 공기 중의 산소가 필요한데 유리잔 속에 들어있던 산소를 촛불이 다 써버렸기 때문이에요.

대단해요!
유리잔 속에 산소가 있어야,
촛불이 탈 수 있다는 사실을 증명했어요.

유리잔 두 개에 든 물을 유리잔 하나에 합치기

원뿔 모양의 샴페인 잔

"임무 완수했습니다!"

"바닥에 물이 한 방울도 안 흘렀어! 어떻게 가능하지?"

유리잔에 물이 넘치지 않은 까닭은?

양쪽 유리잔에 물이 반씩만 담겨 있었기 때문이에요.
원뿔은 아래는 좁고 위는 넓어서
물이 실제보다 많이 들어있다고 착각할 수 있어요.

 참 잘했어요!
원뿔에 물체를 담으면 아래쪽보다 위쪽에
더 많은 양이 들어간다는 사실을 알았어요.

유리잔에 비친 얼굴 보기

유리잔 너머 공을 볼 수 있는 이유는?

빛줄기가 공을 비춘 뒤 유리잔을 통과해 반사되기 때문입니다. 유리잔 앞쪽의 친구는 빛을 통해 전달된 공의 상을 보게 되어요.

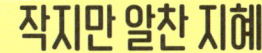

작지만 알찬 지혜

길쭉한 원통형 유리잔에 얼굴을 비추면 왜곡된 거울로 보듯이 머리가 늘어나 보여요.

"유리잔에 비친 내 얼굴이 거울로 볼 때와 비슷하게 보여. 좀 더 작아 보이긴 하지만 말이야. 그런데 이번엔 공이 안 보여."

유리잔에 커피나 포도 주스를 채워주세요.

유리잔으로 얼굴을 볼 수 있는 이유는?

빛줄기가 유리잔에 담긴 어두운 액체를 통과하지 못하고 얼굴을 향해 반사되어서 그래요.
거울도 바로 이러한 원리로 만들어 뒷면의 어두운 부분과 앞면의 투명한 유리로 이뤄져 있어요.

대단해요!
빛의 반사와
거울의 원리를 이해했어요.

유리잔 안 보이게 하기

커다란 유리잔 속에 조그만 유리잔을 넣었어. 잘 보이지?

그럼!

응, 엄청 잘 보여!

작은 술잔이나 유리 종지

"큰 유리잔에 기름을 붓고 있어. 이래도 작은 유리잔이 보여?"

색이 밝고 투명한 기름 (땅콩기름 또는 해바라기씨 기름)

"오, 작은 잔이 기름 속으로 사라지고 있어!"

"이럴 수가!"

작은 유리잔이 기름 속으로 사라진 까닭은?

빛이 공기를 통과하는 속도보다 유리잔 벽을 통과하는 속도가 더 느려요. 이러한 빛의 속도 차이로 인해 유리잔 2개를 모두 볼 수 있었어요. 하지만 유리잔에 기름을 부으면 유리잔 벽을 통과하는 속도와, 기름을 통과하는 속도가 같아져서 작은 유리잔을 볼 수 없게 되어요!

물리학에 소질이 보여요! 빛은 통과하는 물질에 따라 이동 속도가 달라진다는 사실을 발견했어요.

유리잔 밑에 깔려있던 동전 사라지게 하기

바닥에 동전을 깔고 그 위에 유리잔을 올렸어. 동전 잘 보이지?

물론이지! 10원짜리잖아!

유리잔 밑에 깔린 동전이 보이는 이유는?

유리잔 벽과 유리잔 속 공기를 통과해 동전을 비췄던 빛이 다시 방향을 틀어 유리잔 바로 옆 친구의 눈을 향해 반사되어서 그래요.
친구는 빛을 통해 전달된 동전의 형상을 본 것이에요.

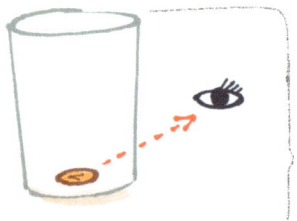

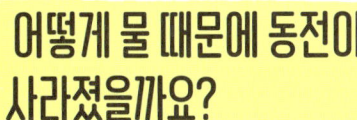

어떻게 물 때문에 동전이 사라졌을까요?

물속에서는 빛이 동전에 반사되는 각도 즉, 굴절각이 달라져서 위로 반사됩니다. 따라서 유리잔 옆에서는 동전이 안 보이고 유리잔 위에서는 보여요.

빛을 연구하는 학문인 광학이 그렇게 어렵지 않죠? 굴절각을 이해했다니 정말 대단하네요!

# 유리잔으로 화살표 방향 바꾸기

작지만 알찬 지혜

화살표가 그려진 종이를 물이 가득 담긴 유리잔 쪽으로 밀었다 당겼다 해보세요.
돋보기로 보듯이 화살표가 커졌다가 작아졌다 할 거예요.

화살표 방향이 바뀐 이유는?

유리잔이 볼록하게 구부러져 있어서
빛줄기의 움직이는 방향이 바뀌어서 그래요.
빛줄기가 유리잔과 물을 통과한 뒤 휘어져
우리 눈에는 화살표의 방향이 반대로 보여요.

유리잔과 물을 이용해
돋보기를 만들다니
광학을 연구해도 되겠어요.

# 유리잔 속에 회오리 만들기

물을 휘젓다가 멈추면 물속 찻잎이 뱅뱅 휘돌아 회오리가 만들어져.

놀라워!

이러한 현상은 자연에도 존재해요. 지름이 수백 킬로미터나 되는 거대한 회오리바람이 불 때가 있는데 이를 가리켜 태풍이라고 해요.

물과 찻잎으로 어떻게 회오리를 만들까?

유리잔이 원통 모양을 하고 있어서 물을 휘저으면 깔때기 모양으로 회전하여 회오리를 만들어요.
이를 소용돌이 현상이라 하고 이 힘에 의해 찻잎은 가운데로 몰리고 위로 솟아올라요.

훌륭해요!
바람이 깔때기 모양으로 회전하며
회오리를 일으키는
소용돌이 현상에 대해 배웠어요.

물이 가득 든 유리잔을 물 한 방울도 안 흘리고 뒤집기

한 손으로는 샴페인 잔 다리 부분을 잡고 다른 손으로는 손바닥으로 입구를 막아주세요.

물을 가득 채워주세요.

4등분한 키친타월을 알맞게 접어 잔을 덮어주세요

짜잔~!

1초 사이에 마법 같은 일이 벌어졌어. 잔을 뒤집고 손을 뗐는데도 물이 전혀 안 흘러내려!

와우~!

키친타월이 잔 안쪽으로 볼록하게 부풀었어요.

어떻게 물이 흘러내리지 않을까요?

공기는 우리 주변의 모든 물체를 누르고 있어요. 여기서는 공기가 종이를 누르는 힘이, 물이 종이를 누르는 힘보다 강해요. 공기가 종이를 세게 누르고 있어서 종이가 유리잔에 붙어 있고, 물이 흘러내리지 못한 거예요. 이처럼 공기가 물체에 미치는 힘을 공기압이라고 합니다.

굉장해요! 공기압이라는 신기한 현상에 대해 알게 됐어요.

와인 잔으로 연주하기

볼록한 와인 잔 3개에 물을 붓고 있어요. 물 높이가 점점 낮아지도록 뒤로 갈수록 조금씩 적게 부어주세요.

♪ 신기한 연주회

저것 봐, 유리잔 아니야?

악기라곤 하나도 없는데.

작지만 알찬 지혜

풍선 모양의 볼록한 유리잔이나 두께가 아주 얇은 와인 잔에 물을 채운 다음 물을 적신 검지로 잔 입구를 문지르면 소리가 난답니다!

악보를 보면서 작은 숟가락으로 유리잔 윗부분을 짧고 가볍게 치고 있어요.

악보
제목: 달빛 아래

A A A B C B
A C B B A

A잔을 3번, B잔을 1번, 이런 순서로 치면 됩니다.

말도 안 돼. 와인 잔으로 〈달빛 아래〉 노래를 연주하다니!

유리잔으로 어떻게 연주할 수 있을까?

물체가 떨리는 현상, 즉 진동 때문입니다. 유리잔을 치면 유리잔과 물, 공기가 진동하면서 물결 같은 움직임, 즉 파동이 만들어져요. 이 파동을 소리 또는 음계라고 합니다. 유리잔에 물이 많을수록 더 느리게 진동하고 묵직한 소리가 나요.

음악은 즐거워!
파동과 소리의 원리를 이해했어요.